Vielfalt
LEBEN

Deutsch als Zweitsprache
A1–A2

Kopiervorlagen

Almut Büchsel

Hueber Verlag

Cover: © Getty Images / E+ / People Images

Konzeption:
Die Berliner Volkshochschulen

Beratung:
Lion Paechnatz
Manjiri Palicha

Für die fachliche Beratung bedanken wir uns bei:
Initiative intersektionale Pädagogik – i-PÄD
GLADT e.V.
Lesbenberatung Berlin/LesMigraS
Zentrum für Lesben, Schwule und Migranten (MILES) des Bildungs- und
Sozialwerks des Lesben-und Schwulenverbandes Berlin-Brandenburg e.V.

Wir danken der überbezirklichen Berliner Arbeitsgruppe bestehend aus:
Senatsverwaltung für Integration, Arbeit und Soziales, Senatsverwaltung für
Bildung, Jugend und Familie, Berliner Landeszentrale für politische Bildung

Für hilfreiche Hinweise danken wir
Jun.-Prof. Dr. Kristina Peuschel

3. 2. 1. | Die letzten Ziffern
2022 21 20 19 18 | bezeichnen Zahl und Jahr des Druckes.
Alle Drucke dieser Auflage können, da unverändert,
nebeneinander benutzt werden.
1. Auflage
© 2018 Hueber Verlag GmbH & Co. KG, München, Deutschland
Umschlaggestaltung: Sieveking · Agentur für Kommunikation, München
Zeichnungen: Jörg Saupe, Düsseldorf
Gestaltung und Satz: Sieveking · Agentur für Kommunikation, München
Druck und Bindung: Passavia Druckservice GmbH & Co. KG, Passau
Printed in Germany
ISBN 978–3–19–381081–6

Art. 530_25339_001_01

Vorwort

Liebe Leser*innen,

mit dem vorliegenden Arbeitsheft „Vielfalt leben" haben die Berliner Volkshochschulen die Initiative ergriffen, in zweierlei Hinsicht Neuland zu betreten. Zum einen mit dem Thema: Bisher fehlte in unseren Deutschlehrwerken die Vielfalt der Rollen und Identitäten, die unseren Alltag und unser Leben in Deutschland prägen. Vergeblich suchen wir nach dem schwulen Protagonisten, selten gibt es die alleinerziehende Mutter. Wenn doch etwas von dieser gesellschaftlichen Vielfalt in den Lehrwerken aufscheint, dann in höheren Kursstufen für Menschen, die schon seit längerer Zeit Deutsch lernen. So wird Vielfalt gewissermaßen im Nachgang zum Sprachkurs thematisiert. Dabei entsteht leicht der Eindruck, dass auch die Diversität nur am Rande unserer Gesellschaft Platz hat. „Vielfalt leben" – das ist die zweite Neuheit – ist damit auch das erste Material, das zentrale gesellschaftliche Themen wie Geschlechtergerechtigkeit und verschiedene Familien- und Lebensmodelle von Beginn an ins Zentrum des Lernens stellt und bereits auf den Sprachniveaustufen A1 und A2 behandelt. Das Material soll – eingesetzt in Deutschsprachkursen – eine Grundlage für den Austausch über unterschiedliche Lebensformen und über Rollenbilder bilden.

Entstanden ist ein Heft, das in 8 Handlungsfeldern („Fokus 1–8") praxisorientiert und teilnehmer*innenzentriert Themen von Ausbildung und Beruf bis hin zu Kinderbetreuung und Zusammenleben behandelt. Um den Lehrenden und Lernenden Orientierung zu bieten, haben wir die Themenschwerpunkte jeweils an eine ausgewählte Lektion von Schritte plus Neu 1–4 angebunden. Die neuen Materialien können aber auch in Kombination mit anderen Lehrwerken verwendet werden. Fokus 1 bis 8 schließen so auch eng an die Themenfelder an, die in Deutsch- und Integrationskursen von verschiedenen Lehrwerken behandelt werden – und sind damit ein erster Schritt auf dem Weg dahin, die neuen Inhalte auch in herkömmlichen Lehrwerken zu verankern. Ein Glossar schließt die Materialien ab und bietet noch einmal eine Orientierungshilfe und Absicherung für die Teilnehmer*innen.

Möglich war „Vielfalt leben" nur durch eine innovative und gemeinschaftliche Arbeitsweise. Unser Dank gilt hier dem Hueber Verlag, dessen Engagement für Thema und Inhalte weit über die Rolle von Lektorat und Veröffentlichung hinausging. Aber auch ohne die laufende fachliche Unterstützung und Beratung der Selbstorganisationen, Vereine und Institutionen aus dem Antidiskriminierungsbereich wäre „Vielfalt leben" nicht möglich gewesen. Ihr Erfahrungswissen hat die Materialien erst ermöglicht. Wir danken auch der ressortübergreifenden Berliner Arbeitsgruppe, die gemeinsam mit den Berliner Volkshochschulen das Heft auf den Weg gebracht hat – hier insbesondere der Berliner Senatsverwaltung für Integration, Arbeit und Soziales sowie der Senatsverwaltung für Bildung, Jugend und Familie und der Berliner Landeszentrale für politische Bildung.

Unser Heft soll zum Nach- oder auch Überdenken anregen und idealerweise eine Offenheit befördern, die für ein gemeinsames Miteinander in unserem vielfältigen Land erforderlich ist.

Bärbel Schürrle
Direktorin der Volkshochschule
Berlin Friedrichshain-Kreuzberg

Susanne Roggenhofer
Direktorin der Volkshochschule
Berlin Pankow

Michael Weiß
Direktor der Volkshochschule
Berlin Mitte

Inhalt

Lebensformen – Lebensvielfalt

1 Ordnen Sie zu.

~~getrennt~~   zusammen   alleinerziehend   verheiratet

A

B

C

Ich heiße Shirin. Ich bin ledig. Mein Freund heißt Ali. Wir sind schon lange _____ .

Ich bin Oliver. Ich bin nicht verheiratet. Ich habe ein Kind und lebe *getrennt*. Ich bin _____ .

Mein Name ist Maria. Ich habe zwei Kinder. Meine Frau heißt Andrea. Ich bin _____ .

2 Wer lebt zusammen? Verbinden Sie.

A — Ich heiße Shirin. Ich bin 30 Jahre alt und komme aus München. Mein Freund ist 28 Jahre alt.

B — Ich heiße Maria. Ich bin 38 Jahre alt und meine Frau ist 41. Wir haben zwei Kinder.

C — Ich heiße Oliver und bin 42. Ich komme aus Spanien und habe eine Tochter.

D — Hallo, ich bin Katharina. Ich komme aus Berlin. Ich habe einen Freund und ein Kind.

E — Ich heiße Marc. Mein Mann kommt aus München. Jetzt wohnen wir in Hamburg und haben eine Tochter.

1 — Ich bin Jens. Ich bin 37 und komme aus München. Wir haben eine Tochter, sie heißt Eva.

2 — Hallo, ich bin Lisa. Mein Papa kommt aus Spanien. Aber ich bin in Leipzig geboren.

3 — Ich bin 28 Jahre alt und heiße Ali. Ich habe eine Freundin. Wir wohnen in München.

4 — Ich heiße Jonas. Meine Freundin kommt aus Berlin. Wir haben zusammen ein Kind.

5 — Hallo, ich bin Andrea. Meine Frau ist 38 Jahre alt. Wir haben zwei Kinder und wohnen in Frankfurt.

A © fotolia/michaeljung; B © Thinkstock/Wavebreakmedia Ltd; C © Thinkstock/iStock/digitalskillet; Ü2: A © fotolia/michaeljung; B © Thinkstock/iStock/digitalskillet; C © Thinkstock/Wavebreakmedia Ltd; D © Getty Images/Photodisc/Jacqueline Veissid; E © Thinkstock/iStock/Flairimages; 1 © Thinkstock/Wavebreakmedia Ltd; 2 © fotolia/Andery Arkusha; 3 © Thinkstock/iStock/Alexanderimage; 4 © Getty Images/E+/Peopleimages; 5 © Thinkstock/iStock/Juanmonino   ‖   Vielfalt leben | ISBN 978-3-19-381081-6 | © 2018 Hueber Verlag

3 Wie leben die Leute aus Aufgabe 2? Sprechen Sie und ordnen Sie zu. Arbeiten Sie zu zweit.

Personen	Lebensform	Kinder
Shirin und Ali	zusammen	--
Oliver	/	

Shirin/ ... und ... sind zusammen/verheiratet. / ... leben/wohnen in ...
Sie haben ein Kind. / zwei Kinder. / keine Kinder.
Oliver/ ... ist ... Er/Sie hat ...

4 Welche Wörter aus Aufgabe 1, 2 und 3 sind neu für Sie?
Markieren Sie und suchen Sie die Bedeutung in einem Wörterbuch.

5 Was meinen Sie? Wer ist eine Familie?
Verbinden Sie und schreiben Sie. Arbeiten Sie in Gruppen.

Luise

Aya

Anna

Max

Umut

Tim

Lydia

Fabian

Familie 1:
Luise und ... sind verheiratet.
Sie haben ... Kinder: Lydia und ...
Sie kommen aus ... Sie leben in ...

Familie 2
....
....

Familie 3
....
....

Luise: Hueber Verlag/Florian Bachmeier, Schliersee; Aya © Thinkstock/iStock/XiXinXing; Anna © Thinkstock/Creatas/Jupiterimages; Max © Thinkstock/iStock/Ranta Images;
Umut © fotolia/Jasmin Merdan; Tim © Thinkstock/DigitalVision/Tay Jnr; Lydia © Thinkstock/DigitalVision/Tay Jnr; Fabian © Thinkstock/moodboard
Vielfalt leben | ISBN 978-3-19-381081-6 | © 2018 Hueber Verlag

Zusammen zu Hause

1 Vera und Arman leben zusammen. Was machen sie zu Hause? Ordnen Sie zu.

1 aufstehen   kochen   Frühstück machen / die Kinder wecken   essen
Farah und Leon zur Kita bringen   die Kinder ins Bett bringen
arbeiten / die Wohnung putzen, aufräumen, zum Deutschkurs gehen
die Kinder von der Kita abholen / einkaufen   mit Farah und Leon spielen / Deutsch lernen

**2 Was macht Arman? Was macht Vera? Was machen Arman und Vera zusammen?
Ergänzen Sie die Tabelle.**

Vera	Arman	Arman und Vera
		aufstehen

3 Was machen Sie gern?

a Was meinen Sie: Was machen Arman und Vera gern?
Was machen sie nicht gern? Kreuzen Sie an.

	gern	nicht gern
1 aufstehen	○	○
2 Frühstück machen	○	○
3 die Kinder wecken	○	○
4 die Kinder zur Kita bringen	○	○
5 arbeiten	○	○
6 die Wohnung putzen	○	○
7 aufräumen	○	○
8 zum Deutschkurs gehen	○	○
9 die Kinder von der Kita abholen	○	○
10 einkaufen	○	○
11 kochen	○	○
12 essen	○	○
13 mit den Kindern spielen	○	○
14 Deutsch lernen	○	○
15 die Kinder ins Bett bringen	○	○

b Sprechen Sie: Was machen Sie gern? Was machen Sie nicht gern?

Ich gehe gern in den Deutschkurs.   *Ich koche nicht so gern.*

Vielfalt leben | ISBN 978-3-19-381081-6 | © 2018 Hueber Verlag

Hauptsache glücklich!

1 Wir können …

a Das sind Ava und Alex. Was meinen Sie: Was **kann** Ava? Was **kann** Alex?
Was können beide? Machen Sie Notizen und sprechen Sie mit Ihrer Partnerin / Ihrem Partner.

Ava: lesen, …

> Ich denke, Ava kann lesen, …

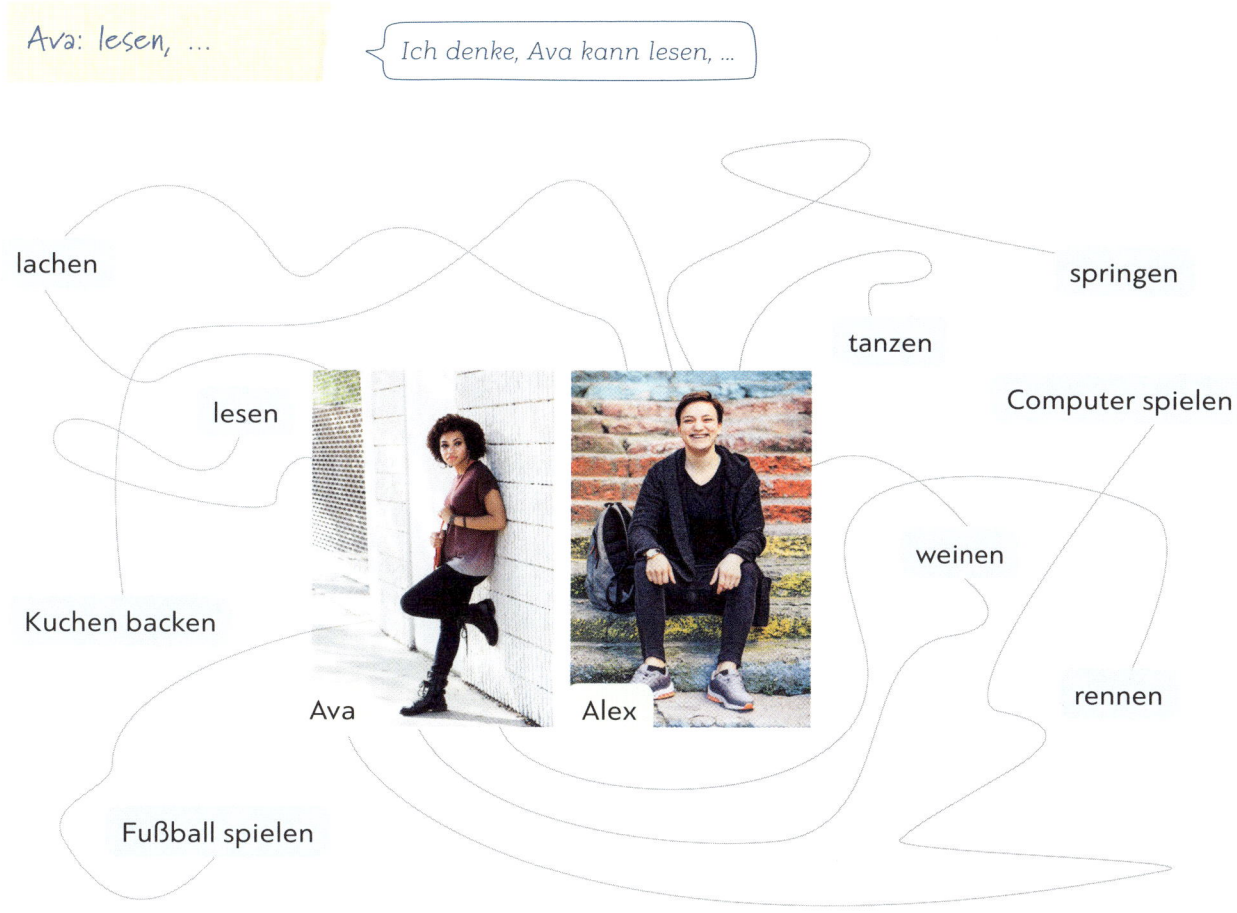

lachen

springen

tanzen

lesen

Computer spielen

weinen

Kuchen backen

Ava

Alex

rennen

Fußball spielen

b Was können Ava und Alex wirklich? Finden Sie die passenden Ausdrücke in a
und notieren Sie.

Ava kann lesen. Sie kann … und …
Alex kann …

c Vergleichen Sie Ihre Notizen aus a mit den Lösungen aus b.
Was ist anders? Sprechen Sie mit Ihrer Partnerin / Ihrem Partner.

Ava © Getty Images/iStock/kali9; Alex © Getty Images/iStock/sserts
Vielfalt leben | ISBN 978-3-19-381081-6 | © 2018 Hueber Verlag

2 Normal? Egal!

a Sehen Sie die Bilder an: Welches Kind ist glücklich? Welches Kind nicht? Sprechen Sie.

> *Yasmin ist glücklich.*

> *... ist nicht glücklich.*

b Was meinen Sie: Wer sagt was? Ordnen Sie zu.

Text	1	2	3	4	5	6	7
Bild	C						

1 Meine Schwester Jana sagt: „Nur Mädchen können mit Puppen spielen." Aber warum denn? Ich mag Puppen viel lieber als Autos!

2 Meine Freunde sind doof. Sie sagen: „Jungen können keine Kleider tragen." Aber ich finde Hosen hässlich! Kleider sind viel schöner.

3 Meine Trainerin sagt immer: „Mädchen können alles, was Jungen auch können. Beim Fußball und im Leben." Und ich finde: Das stimmt total!

4 Papa sagt: „Jungen weinen nicht. Nur Mädchen weinen." Aber ich bin doch traurig! Warum kann meine Schwester weinen? Und ich nicht?

5 Mein großer Bruder sagt: „Mädchen und Jungs spielen nicht zusammen. Das ist nicht normal." Jetzt spiele ich nur noch mit Jungs. Aber ich vermisse meine Freundinnen.

6 In meiner Tanzgruppe sind nur Mädchen. Aber meine Eltern und ich finden: Das ist total egal! Mir macht Tanzen Spaß. Tänzer ist mein Traumberuf!

7 Mama sagt: „Ich muss in der Küche helfen." Aber mein Bruder kann draußen spielen. Ich will aber auch rennen und auf Bäume klettern!

A

Yasmin

B
Micha

C

Ben + Jana

D

Jonas

E
Kemal

F

Nina

G

Wadim

Vielfalt leben | ISBN 978-3-19-381081-6 | © 2018 Hueber Verlag

3 Was wollen die Kinder? Was machen sie gern? Und sind sie glücklich?
Ergänzen Sie die Tabelle.

Person	... will	... ist glücklich?
Yasmin	Fußball spielen	✓
	mit Mädchen spielen	—

4 Wer sagt was?

a Unterstreichen Sie in Aufgabe 2: Wer sagt, was „okay" ist, was geht?
Vergleichen Sie mit Ihrer Partnerin / Ihrem Partner.

> *Bei Micha sagen die Eltern:*
> *Das ist okay! Das kannst du*
> *machen.*

> *Bei Micha sind es die ...*

b Wie ist das bei Ihnen zu Hause? Was wollen Ihre Kinder? Wer sagt: Das ist okay oder nicht okay?
Sprechen Sie mit Ihrer Partnerin / Ihrem Partner.

> *Was wollen deine Kinder?*
>
> *Meine Kinder wollen immer fernsehen. Ich finde: Das ist okay / nicht okay.*
>
> *Meine Tochter will Fußball spielen / keine Kleider tragen / ... Aber meine Frau sagt:*
> *Das ist okay / nicht ...*
>
> *Mein Sohn will ...*
>
> *Ich habe keine Kinder. Aber früher hat mein Vater immer gesagt:*
> *Du kannst ... / Du kannst nicht ...*

Vielfalt leben | ISBN 978-3-19-381081-6 | © 2018 Hueber Verlag

Diskriminierung im Job? Nicht mit uns!

1 Vorurteile im Beruf

Lesen Sie Aussage A. Was meinen Sie: Stimmt das? Lesen Sie dann B – F.
Was stimmt? Was ist ein Vorurteil?

		stimmt	Vorurteil
A	*Ein Krankenpfleger? Machen so etwas nicht nur Frauen?*	○	○
B	*Es gibt immer noch nicht so viele männliche Erzieher.*	○	○
C	*Du bist Programmiererin? Ich habe gedacht, Frauen können kein Mathe!*	○	○
D	*Ein guter Chef kann führen und entscheiden. Chef oder Chefin: Das ist doch total egal.*	○	○
E	*Fußball, das ist doch was für Männer. Frauen mögen keinen Fußball.*	○	○
F	*In technischen Berufen arbeiten mehr Männer als Frauen.*	○	○

2 Gleichberechtigung im Beruf

a Was meinen Sie? Welche Überschrift passt zu welchem Text?
Ordnen Sie zu. Lesen Sie dann die Texte und vergleichen Sie.

Ein guter Professor kann Mathe   Sport für alle – ohne Vorurteile!   Frauen in die Technik!

1 _____

Hallo, ich bin Yara. Ich arbeite als Automechanikerin und ich liebe meinen Job.
In meinem Beruf gibt es nicht so viele Frauen. Ich finde das schade. Frauen
können ja alle Berufe machen. Das steht sogar im Gesetz. Aber seit ich hier
arbeite, interessieren sich auch meine Freundinnen für Technik. Eine Freundin
fängt sogar bald eine Ausbildung hier an. Das finde ich klasse, endlich eine Kollegin!

Ü1: A © Thinkstock/iStock/Ridofranz; B © Getty Images/iStock/jonas unruh; C © Getty Images/iStock/Yuri_Arcurs; D © Thinkstock/iStock/CHAIWATPHOTOS; E © Thinkstock/iStock/racheldonahue; F © Thinkstock/iStock/Wavebreakmedia; Ü2 © Thinkstock/tyler olson
Vielfalt leben | ISBN 978-3-19-381081-6 | © 2018 Hueber Verlag

2

Mein Name ist Daniel. Ich habe eine tolle Arbeit als Vereinsmanager von einem großen Fußballclub. Das ist mein Traumberuf. Aber ich bin schwul und da haben viele Menschen immer noch Vorurteile. Zum Beispiel: Ein schwuler Mann ist nicht so sportlich. Das stimmt natürlich nicht und macht mich wütend. Zum Glück sagt das Gesetz: Alle Menschen sind gleich und jeder kann jede Arbeit machen. Dafür müssen wir kämpfen. Dafür und gegen Vorurteile.

3

Guten Tag, mein Name ist Hussein. Ich komme aus Berlin. Ich bin Professor für Mathematik an einer Universität. Darauf bin ich sehr stolz. Aber mein Weg bis hier war nicht einfach. Viele Menschen, auch an der Universität, haben Vorurteile: Muslime sind so, Muslime sind so. Das jeden Tag zu hören ist sehr, sehr anstrengend. Und natürlich macht es mich wütend. Zum Glück sind meine Studenten total super. Sie wissen: Ein guter Professor kann Mathe. Und er kann erklären. Ob Muslim, Christ oder eine andere Religion, ist da egal.

b Welche Aussage passt zu welchem Text? Kreuzen Sie an.

		Text 1	Text 2	Text 3
1	Vorurteile gegen homosexuelle Menschen gibt es immer noch.	○	⊗	○
2	Frauen können alle Berufe machen!	○	○	○
3	Ein Professor kann jede Religion haben.	○	○	○
4	In technischen Berufen arbeiten langsam mehr Frauen.	○	○	○
5	Schwul, lesbisch, hetero – im Job ist das egal.	○	○	○
6	Egal, ob Muslim, Christ, Hindu – rechnen können wir alle.	○	○	○

3 Kennen Sie noch mehr Vorurteile im Beruf oder im Leben? Sprechen Sie.

> *Ich bin ... von Beruf.*
> *Viele Menschen sagen, ... Frauen/Männer können nicht / wollen*
> *nicht / mögen ... nicht ...*

> *Manche Leute meinen, ... Autofahren ... / im Kindergarten arbeiten ...,*
> *das ist nur was für Männer/Frauen.*

> *Ich finde, Frauen / Männer / schwule Männer /... können sehr gut*
> *Auto fahren / Fußball spielen /...*

> *Ich bin Taxifahrerin. Viele Menschen sagen,*
> *Frauen können nicht Taxi fahren.*

2 © Getty Images/iStock/Michael DeLeon; 3 © Thinkstock/iStock/Kim_Schott
Vielfalt leben | ISBN 978-3-19-381081-6 | © 2018 Hueber Verlag

Was ist schon schön?

1 Was meinen Sie? Was kann „schön" sein? Sprechen Sie und ergänzen Sie.

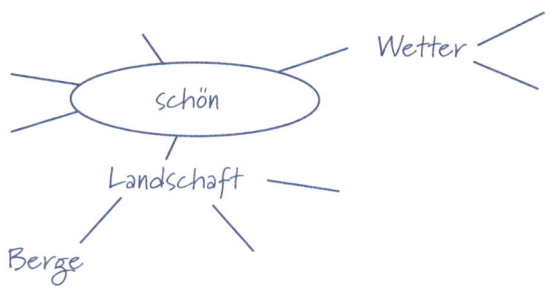

Wetter

schön

Landschaft

Berge

> *Ich finde die Berge wunderschön.*

> *Aber das Meer ist auch total toll!*

2 Mir gefällt …

a Wie heißen die Kleidungsstücke? Sprechen Sie.

> *Das ist ein T-Shirt/Kleid/…*

1   2   3   4

b Wem gefällt welche Kleidung? Ordnen Sie aus a zu.

Sascha

Hallo, ich bin Sascha. Ich mag gern T-Shirts, Hosenanzüge und Kleider. Ach, und meine Lieblingsfarbe ist Orange.

Özlem

Hi, ich bin Özlem. Ich liebe Röcke für Partys. Aber zum Fußball trage ich mein Trikot, meine Fußballschuhe und eine kurze Hose. Ich finde, das steht mir am besten!

Sarah

Mein Name ist Sarah. Ich mag Hosen lieber als Röcke, die sind so praktisch und man kann besser rennen. Ach, und ich liebe meinen dunkelblauen Regenschirm!

Robin

Ich heiße Robin. Mir gefallen Hosen und Kleider sehr gut. Aber am liebsten mag ich meine Baseballkappe. Ich finde, sie steht mir am besten.

Person	Sascha	Sarah	Özlem	Robin
Bild				

1: Hose © Thinkstock/iStock/meral yildirim; Schirm © iStock/hero30; 2: Hose © iStock/Vitaliy73; Kleid © fotolia/Alexandra Karamyshev; 3: Anzug © iStock/Paolo_Toffanin; Kleid © Thinkstock/iStock/Saime Deniz Tuyel Dogan; Shirt © Thinkstock/iStock/geargodz; 4: Trikot © Thinkstock/Hemera/Evgenii Karamyshev; Sporthose © Thinkstock/iStock/geargodz; Sascha © BananaStock; Özlem © iStock/Peoplelmages.com; Sarah © iStock/DashaRosato; Robin © fotolia/sanneberg   Vielfalt leben | ISBN 978-3-19-381081-6 | © 2018 Hueber Verlag

3 Zu klein? Zu groß? Genau richtig!

a Was finden die Leute schön? Und warum? Unterstreichen Sie wie im Beispiel.

1 Ich finde meinen <u>Vater</u> sehr schön. Er ist einfach der Beste. Auf seinen <u>breiten</u> <u>Schultern</u> kann er mich super tragen. Er <u>spielt</u> mit uns und kann so <u>gut</u> <u>Geschichten</u> <u>erzählen</u>. Das finde ich schön. Mit meinem Papa haben wir immer <u>Spaß</u>!

2 Wir finden unsere Tochter Jana wunderschön. Sie ist so fröhlich und mit ihr kann man so viel lachen. Ihr Lächeln macht uns glücklich. Wir lernen jeden Tag von ihr und das finden wir schön!

3 Für mich ist meine Freundin Laura schön. Sie hilft allen anderen immer, sie ist immer nett und freundlich. Manchmal verstehe ich meine Hausaufgaben nicht. Dann hilft mir Laura. Und wenn ich traurig bin, ist sie für mich da. Laura ist total hilfsbereit. Das finde ich schön.

b Was finden Sie schön? Wann ist ein Mensch schön?
Fragen Sie Ihre Partnerin / Ihren Partner und machen Sie Notizen.

> Taher findet schön:
> – seine Tochter
> – meine Nase
> – die Berge
> – fröhliche Menschen

> *Was findest du schön?*

> *Ich finde meine Tochter / deine Nase /
> die Berge / fröhliche Menschen ... schön.*

c Wer im Kurs findet was schön? Sammeln Sie zuerst in der Gruppe.
Stellen Sie dann die Ergebnisse vor.

Taher	Sophie	Faizal
seine Tochter		
die Berge		

1 © Thinkstock/Hemera/Pavel Losevsky; 2 © Getty Images/iStock/Lisa F. Young; 3 © Getty Images/E+/Imagesbybarbara
Vielfalt leben | ISBN 978-3-19-381081-6 | © 2018 Hueber Verlag

Ausbildung

1 Feuerwehrmann und Bürokauffrau

(handschriftlich: -frau über -mann und -mann über -frau)

a Sehen Sie die Fotos an. Wer arbeitet als was? Ordnen Sie zu.

○ Pilotin
○ Krankenpfleger
○ Richterin
○ Feuerwehrfrau
○ Bürokaufmann
○ Ingenieurin
○ Flugbegleiter

b Sehen Sie die Fotos noch einmal an. Was meinen Sie: Für welchen Beruf muss man studieren?
Für welchen eine Berufsausbildung machen? Sprechen Sie.

> *Ich glaube, eine Ingenieurin muss studieren.*

> *Hm, ich denke, ein … muss nicht studieren.*
> *Er muss eine Ausbildung machen.*

2 Ausbildung – für alle einfach?

a Was passt? Ordnen Sie zu.

komischen   wütend   einfach   super

1   Ich studiere gerade Ingenieurswissenschaften und mache ein Praktikum. Meine
Firma ist super. Aber mein Weg hierher war nicht _____. Für mein
Praktikum habe ich viele Bewerbungen geschrieben. Niemand hat mich zu
einem Vorstellungsgespräch eingeladen. Irgendwann habe ich bei einer Firma
angerufen und gefragt: „Warum ladet ihr mich nicht ein? Meine Noten sind
doch _____." Die Firma hat gesagt: „Na ja, Sie haben so einen
_____ Namen. Wir suchen eine Person, die Muttersprache Deutsch
spricht." Ich war so _____! Ich bin hier geboren und aufgewachsen!

nett   schlimm   neue   schlechter

2   Ich mache eine Ausbildung zur Pilotin. Das ist mein Traumjob und ich habe
tolle, _____ Kollegen. Das war aber nicht immer so. Früher hatte ich
einen anderen Chef. Er war ein toller Pilot, alle haben ihn respektiert. Er war
auch _____ zu mir. Aber er wollte immer alleine mit mir essen gehen.
Ich habe immer Nein gesagt. Irgendwann hat er mich _____ bewertet.
Ich habe ihn gefragt warum. Er hat nur gelacht und gesagt: „Du kannst ja mal
mit zu mir nach Hause zum Essen kommen, dann bekommst du auch wieder
bessere Noten." Das war total _____

1 © Benjamin Nolte - stock.adobe.com; 2 © Thinkstock/iStock/william87; 3 © Thinkstock/iStock/diego_cervo; 4 © Thinkstock/iStock/FS-Stock; 6 © iStock/sjlocke;
7 © Getty Images/E+/Steve Debenport; Ü2: 1 © Thinkstock/iStock/diego_cervo; 2 © Thinkstock/william87
Vielfalt leben | ISBN 978-3-19-381081-6 | © 2018 Hueber Verlag

persönliche   perfekt   schwul   verheiratet

3   Ich habe eine Ausbildung zum Mechaniker gemacht. Im Moment suche ich eine Arbeitsstelle. Vor ein paar Wochen hatte ich ein Vorstellungsgespräch bei einer tollen Firma. Der Job war _____! Am Anfang war das Gespräch noch richtig gut. Aber dann hat der Chef mir immer mehr _____ Fragen gestellt. „Haben Sie eine Beziehung? Sind Sie _____?" Irgendwann hat er gelacht und gefragt: „Aber _____ sind Sie ja hoffentlich nicht, oder?" Ich wusste gar nicht, was ich sagen sollte. Klar bin ich schwul. Aber ich wollte diesen Job unbedingt. Lügen will ich aber auch nicht.

b Schreiben Sie die Geschichten aus a mit den Stichwörtern fertig.

1   Diskriminierung im Job illegal   dafür ist Allgemeines Gleichbehandlungsgesetz (AGG) da   Anwalt genommen   vor Gericht gegangen   Prozess läuft   nicht einfach   hoffe: gewinnen

> Diskriminierung im Job ist illegal! Dafür ist das Allgemeine Gleichbehandlungsgesetz da. Ich habe mir einen Anwalt genommen und bin vor Gericht gegangen. Im Moment läuft ...

2   Personalrat gegangen   beschwert   Zum Glück verstanden   in ein anderes Team gewechselt   dort viel besser   neuer Chef: respektiert mich   alter Chef: Verwarnung bekommen

> Ich bin zum Personalrat gegangen. Da habe ich mich ...

3   wütend   mit Freunden geredet   zusammen eine Beratungsstelle gesucht   dorthin gegangen   verstanden und Sicherheit gegeben   zusammen Brief an den Leiter der Firma geschrieben

> Ich war sehr wütend! Zuerst habe ich mit meinen ...

3 Ich habe ein Problem. Was kann ich machen?

a Arbeiten Sie zu zweit. Ordnen Sie die Probleme (A – C) den Ratschlägen zu.

Problem

Ratschlag

A
– wollte immer schon Journalistin werden
– Vater hat es nicht erlaubt
– jetzt sehr unglücklich im Job

B
– Chef fragt nach deiner privaten Nummer
– schreibt dir Nachrichten
– will mit dir alleine sein
– möchtest das nicht

C
– schon viele Bewerbungen an Vermieter geschickt
– nur Absagen oder gar keine Antwort
– eine Absage am Telefon: „Wir wollen die Wohnung nur an Deutsche vermieten."
– ein anderer per E-Mail: „Unsere Mieter müssen richtig Deutsch sprechen können."

○
– zum Betriebsrat gehen
– dich beschweren
– dir einen Anwalt nehmen
– gegen den Chef klagen

○
– zu einer Beratungsstelle für Rassismus gehen
– dich über das AGG informieren
– dir einen Anwalt nehmen
– gegen den Vermieter klagen

○
– dich für den Kurs „Journalismus" an der Volkshochschule anmelden
– ein Praktikum bei einer Zeitung machen
– das Abitur in einer Abendschule machen
– ein Studium anfangen

b Schreiben Sie die Sätze fertig. Wählen Sie dann eine Situation aus und spielen Sie die Gespräche.

> *Ich wollte immer schon Journalistin werden. Aber mein … Was soll ich machen?*

> *Du kannst dich für den Kurs … Dann kannst du …*

SCHON FERTIG? Fallen Ihnen noch mehr Situationen wie oben ein? Erzählen Sie.

Vielfalt leben | ISBN 978-3-19-381081-6 | © 2018 Hueber Verlag

Beziehungen – immer wieder anders

1 Zusammenleben – immer anders

a Wie leben die Leute zusammen?
Ordnen Sie zu.

1 Verheiratet ....

2 Zusammen ....

3 Alleinerziehend ....

4 Fernbeziehung ....

5 Wohngemeinschaft *B*

b Wie leben Sie jetzt? Wie möchten Sie leben? Fragen Sie Ihre Partnerin / Ihren Partner
und erzählen Sie.

> *Ich wohne in einer WG, aber ich möchte gern alleine leben.*

> *Ich habe eine Fernbeziehung. Aber ich möchte gern mit meiner Partnerin / meinem Partner zusammenleben.*

2 Heiraten? Meine Entscheidung!

a Markieren Sie wie im Beispiel: Was <u>möchten</u> Martha, Johann und Farah?
Was <u>sollen</u> sie? Vergleichen Sie mit Ihrer Partnerin / Ihrem Partner.

Mein Name ist Martha. Ich komme aus Leipzig und wohne auch hier, zusammen mit meinem Partner. Wir sind sehr glücklich so, wir zwei zusammen – und natürlich Candy, unser Hund. Aber immer wieder fragen uns Familie und Bekannte: <u>Wann heiratet ihr denn endlich?!</u> Ich finde: Die Frage nervt. Warum müssen wir denn heiraten? Wir <u>wollen doch einfach nur zusammenleben.</u> <u>Wir müssen nicht anderen Menschen zeigen</u>: Schaut her, wir lieben uns. Ich finde diesen Zwang doof. Aber so ist das bei uns. Sogar der Staat sagt: <u>Du solltest heiraten</u>, dann wird vieles einfacher für dich. Man zahlt z. B. weniger Steuern, wenn man verheiratet ist. <u>Ich finde, das sollte man ändern.</u>

A © Thinkstock/Fuse; B © Thinkstock/iStock/monkeybusinessimages; C © Thinkstock/iStock/Carlo107; D © Thinkstock/Lightwavemedia/Wavebreakmedia Ltd;
E © Thinkstock/iStock/viafilms; U2 © Thinkstock/Hemera/Rob Marmion
Vielfalt leben | ISBN 978-3-19-381081-6 | © 2018 Hueber Verlag

Hallo, ich bin Johann. Ich komme aus einer kleinen Stadt in Bayern, wie meine ganze Familie. Meine Eltern sind wirklich toll, aber es gibt ein Problem: Sie wissen nicht, dass ich schwul bin. Seit sechs Jahren bin ich mit meinem Freund zusammen und wir möchten sehr gern heiraten. So eine große Feier, mit allen Freunden und der ganzen Familie – das möchte ich gern! Aber ich weiß genau: Meine Eltern könnten das nicht verstehen. Schwul sein, das ist für sie eine Krankheit. Ich soll endlich eine Frau finden. Liebe: Das gibt es für sie nur zwischen Mann und Frau. Mir tut das sehr weh. Aber was soll ich machen? Sie sind meine Eltern und ich liebe sie trotzdem.

Hallo, ich heiße Farah und das ist Leonie, meine Freundin. Wir sind schon lange ein Paar, und bald möchten wir heiraten – endlich! Meine Familie war total gegen meine Beziehung. Ich sollte heiraten – aber auf jeden Fall einen Mann. Aber ich möchte selbst entscheiden, mit wem ich zusammen lebe. Meine Freundinnen und ein Frauenhaus haben mir da sehr geholfen. Am Anfang konnte meine Familie mich gar nicht verstehen. Aber langsam akzeptieren sie meine Entscheidung. Ich glaube, sie kommen vielleicht sogar zu meiner Hochzeit!

b Wer sagt was? Ordnen Sie zu.

	Martha	Johann	Farah
1 Klar möchte ich heiraten! Aber ich möchte auch meine Eltern nicht enttäuschen.	○	○	○
2 Ich möchte, dass alle Beziehungen gleich sind. Egal, ob man verheiratet ist oder nicht.	○	○	○
3 Meine Familie muss respektieren, mit wem ich leben will und dass ich heirate.	○	○	○

c Finden Sie heiraten wichtig? Wie möchten Sie heiraten? Sprechen Sie in der Gruppe.

> *Ich möchte unbedingt heiraten! Das ist einfach wichtig für mich.*

> *Ich finde heiraten nicht so wichtig.*

Männer © Thinkstock/iStock/monkeybusinessimages; Frauen © Thinkstock/Purestock
Vielfalt leben | ISBN 978-3-19-381081-6 | © 2018 Hueber Verlag

Alles unter einen Hut? Arbeit, Kinder und Familie

1 Kinderbetreuung

a Wer betreut die Kinder? Sehen Sie die Fotos an und lesen Sie.
Welche Wörter sind neu für Sie? Sprechen Sie.

die Großeltern

der Vater

die Eltern

die Mutter

der Erzieher

die Tagesmutter

die Babysitterin

die Nachbarn

> *Was ist eine Tagesmutter?*
> *Das kenne ich nicht.*

> *Das Wort „Babysitter" kenne ich.*

b Wie war/ist das bei Ihnen zu Hause? Haben Sie Kinder? Wer betreut Ihre Kinder?
Wer hat Sie als Kind betreut? Sprechen Sie.

> *Meine Oma / Mein ... hat mich betreut /*
> *hat auf mich aufgepasst.*
> *Meine Mutter / Meine Eltern mussten ...*

> *Ich habe ... Kinder.*
> *Bei uns passt mein Mann / passen meine Eltern /*
> *passe ich / ... auf die Kinder auf.*

> *Ich habe keine ... Ich möchte keine ...*
> *Aber ich möchte heiraten / arbeiten / ...*

2 Wer gehört zusammen? Ordnen Sie zu.

Text	A	B	C
Text			

A Ich bin seit zwei Jahren Chefin von einer großen Firma. Und ich bin Mutter, von Shalini und Daniel, die zwei sind mein Ein und Alles. Ich liebe meine Arbeit, aber natürlich hat man als Chefin immer viel zu tun. Da ist es nicht immer einfach, auch für die Kinder da zu sein. Gut, dass es meine Eltern gibt, die sind immer da, wenn wir sie brauchen.

B Hallo ich bin Stefan. Und das ist Lina, unsere Tochter. Sie ist schon ein Jahr alt, und ich genieße jede Minute mit ihr. Im Moment kann ich das auch: Ich habe Elternzeit genommen und passe den ganzen Tag auf Lina auf. Das ist perfekt, so kann meine Frau wieder Vollzeit arbeiten. Und für Lina ist immer jemand da.

C Hallo, wir sind Luisa und Pascal. Natürlich arbeiten wir beide – weil uns die Arbeit Spaß macht und natürlich weil wir auch das Geld brauchen: für Miete, Kleidung für Lisa und so weiter. Klar brauchen wir da eine Kita für die Kleine. Aber im Moment warten wir immer noch auf einen Platz. Zum Glück haben wir für die Tagesbetreuung bis dahin Jenny gefunden!

1 Ich arbeite als Tagesmutter. Für mich ist der Job perfekt, ich liebe Kinder – und damit Geld zu verdienen, das wollte ich schon immer. Aber ein einfacher Job ist das auch nicht. Man hat so viel Verantwortung. Ich musste zuerst eine Weiterbildung machen – aber die hat auch viel Spaß gemacht. Und jetzt mache ich beruflich genau das, was ich will.

2 Hallo, wir heißen Ravi und Johanna. Wir sind so stolz auf unsere Tochter. Schon als Kind war sie die Beste in der Schule und Klassensprecherin. Klug, stark und lustig – ja, das ist sie. Für uns war klar, dass sie beruflich mal was Großes machen wird. Dass wir ihr da manchmal mit den Kindern helfen, ist selbstverständlich.

3 Ich heiße Lea. Direkt nach Linas Geburt war ich 6 Monate zu Hause. Das war superschön, nur für meine Tochter da zu sein. Aber ich habe mich auch wieder total auf meine Arbeit gefreut. Ich liebe meinen Job und wollte nie aufhören zu arbeiten. So ist es super: Mein Mann ist für die Kleine da und ich komme ein bisschen früher nach Hause, damit ich sie noch ins Bett bringen kann.

A © Getty Images/E+/gradyreese; B © Thinkstock/Pixland/Jupiterimages; C © Getty Images/E+/Juanmonino; 1 © iStock/MachineHeadz; 2 © Getty Images/DigitalVision/PeopleImages; 3 © Thinkstock/iStock/monkeybusinessimages

Vielfalt leben | ISBN 978-3-19-381081-6 | © 2018 Hueber Verlag

3 Elternabend in der Kita

a Sehen Sie das Bild und die Anwesenheitsliste an. Lesen Sie die Aussagen.
Welche Probleme gibt es? Wer hat welches Problem? Sprechen Sie.

> *Frau Arslan hat ein Kind in der Kita.*
> *Zu Hause essen sie … Aber in der Kita musste das Kind …*
> *Der Erzieher hat gesagt, das ist normal. Das findet die Frau …*

Frau Jonas, Kita-Leiterin	
Eltern:	Familie Steinbach, Herr Höffner, Frau Schubert, Frau Arslan
Erzieher*innen:	Frau Neuer, Herr Yorba

Mein Kind musste gestern in der Kita Fleisch essen. Das ist nicht okay. Wir essen kein Fleisch, das ist uns sehr wichtig. Aber der Erzieher hat nur gesagt: „Wir sind hier halt in Deutschland, hier in Deutschland ist das so!"

Frau Schubert

Gestern war „Internationales Frühstück" und mein Kind hat Cornflakes mitgebracht, das ist sein Lieblingsfrühstück. Die Erzieherin meinte: „Du bist doch aus der Türkei. In der Türkei isst man keine Cornflakes." Was für ein Mist!

Frau Arslan

Herr Yorba unterbricht mich immer. Am Anfang wollte er mir gar nicht glauben, dass ich die Chefin bin. Er respektiert mich immer noch nicht. Manche Leute glauben immer noch, nur Männer können Chefs sein.

Frau Jonas

Die Erzieherin hat zu allen Kindern gesagt: „Richtige Eltern, das sind immer ein Mann und eine Frau." Seitdem hat unsere Tochter Probleme mit den anderen Kindern. Sie sagen: „Du hast gar keine richtige Familie."

Familie Steinbach

Vielfalt leben | ISBN 978-3-19-381081-6 | © 2018 Hueber Verlag

b Wählen Sie mit Ihrer Partnerin / Ihrem Partner ein „Problem" aus. Überlegen Sie:
Wie können Sie das Problem lösen? Was können Sie tun? Sammeln Sie Stichpunkte.

> *Ich finde, Frau Arslan sollte mit dem Erzieher reden. Er muss das Problem verstehen.*

> *Hm. Ich denke, der Erzieher sollte sich entschuldigen.*

– mit Erzieher reden → Problem verstehen
– Erzieher: sich entschuldigen
– ...

c Schreiben Sie ein Gespräch zwischen den zwei Personen, die ein Problem haben.
Nehmen Sie Ihre Stichpunkte aus b zur Hilfe. Spielen Sie das Gespräch vor.

- ◆ Herr/Frau ..., ich wollte mal mit Ihnen reden.
- ○ Ja klar. / Ach, gerade habe ich keine Zeit.
- ◆ Mein Kind hat erzählt ... / Es ist aber wichtig ... / Können wir dann einen Termin machen?
- ○ Hm. Und wo ist das Problem? Das habe ich nicht verstanden. / Okay. Das verstehe ich.
  Was kann ich anders machen ... ?
- ◆ ...

**4 Kennen Sie solche oder ähnliche Probleme? In der Kita,
Schule oder anderswo? Erzählen Sie.**

Vielfalt leben | ISBN 978-3-19-381081-6 | © 2018 Hueber Verlag

Dieser Glossar erklärt die wichtigsten Begriffe aus den letzten Seiten.
Das heißt auch: Zu jedem Wort gibt es Beispiele im Buch. Suchen Sie zwei Beispiele zu jedem Begriff und schreiben Sie.

das Allgemeine Gleichbehandlungsgesetz (AGG). Das ist ein Gesetz. Allgemein heißt: es ist für alle Menschen in Deutschland. Gleichbehandlung heißt: Alle Menschen müssen gleich behandelt werden, niemand darf *diskriminiert* werden. Das AGG sagt: Niemand darf „[rassistisch[1]] oder wegen des Geschlechts, der Religion oder der Weltanschauung, einer Behinderung, des Alters oder der sexuellen Identität" schlechter behandelt werden.

> Beispiel 1: Seite 13, Aufg.
> 2 a) Zum Glück sagt das Gesetz:
> Alle Menschen sind gleich und
> jeder kann jede Arbeit machen.
> Beispiel 2: ...

die Beratungsstelle, -n. Wenn ich ein Problem habe, zum Beispiel mit *Diskriminierung,* dann hilft mir eine Beratung. Dort geben mir die Leute Ratschläge und Informationen, was ich machen kann. Es gibt Beratungsstellen für viele Probleme. Auch für *Rassismus,* für *Sexismus* und für *Homo-/Bi-/und Trans*feindlichkeit.* Eine Liste von Beratungsstellen finden Sie unter: www.hueber.de/schritte-plus-neu.

bisexuell. Wenn ich sowohl Männer als auch Frauen liebe, dann bin ich bisexuell. Wenn Bisexualität in Ihrem Heimatland verboten ist, dann können Sie in Deutschland Asyl bekommen.

die Diskriminierung, -en. Wenn Menschen in gleicher Situation ungleich behandelt werden (zum Beispiel: Ein Mann und eine Frau machen die gleiche Arbeit, aber die Frau bekommt weniger Geld) ist das Diskriminierung. Oder wenn Menschen in ungleicher Situation gleich behandelt werden (zum Beispiel: Menschen mit Rollstuhl können nicht auf die Toilette gehen, weil es keine Toilette für sie gibt). Diskriminierung hat viele Formen: Körperliche Gewalt (Streit mit Händen und Füßen), aber auch Gewalt in der Sprache (mit Worten, in einem Gespräch). Auch Institutionen können diskriminieren. Zum Beispiel: Homosexuelle Leute durften lange nicht heiraten. Das *AGG* sagt: Diskriminierung ist nicht erlaubt. Trotzdem: In der Realität gibt es sie. Aber wir haben das *Recht,* uns dagegen zu wehren.

die Elternzeit. Nach der Geburt von einem Kind können die Eltern Elternzeit nehmen. Das heißt: Sie müssen nicht arbeiten und können sich um ihr Kind kümmern. Während dieser Zeit bekommen sie ihr Gehalt weiter. Die Chefin*[2] oder der Chef* darf ihnen nicht kündigen. Alle Eltern haben ein *Recht* auf Elternzeit. Die Firma darf nicht „Nein" sagen, wenn ich Elternzeit nehmen möchte. Die Eltern können selbst entscheiden, wer wie viel Elternzeit nimmt.

das Gericht, -e. Ein Gericht ist ein Ort der Rechtsprechung. Wörtlich bedeutet das: Hier wird *Recht* gesprochen. Was Recht und was Unrecht ist, steht im Gesetz. In einem Gericht entscheidet ein Richter oder eine Richterin über Konflikte. Zum Beispiel: einen Streit zwischen zwei Menschen. Oder: einen Streit zwischen dem Staat und einem oder mehreren Menschen.

das Geschlecht, -er. Viele Menschen denken, es gibt nur zwei Geschlechter: Mann und Frau. Es gibt aber auch Menschen, die nicht Mann oder Frau sind (*Trans*, Inter**). Heute wird das Geschlecht bei der Geburt festgelegt. Mit dem Geschlecht werden dann Rollen verbunden. Rollen heißt: was ein Mensch kann, darf, soll und muss. Viele Leute glauben zum Beispiel: Männer dürfen nicht weinen und Frauen sind nicht so gut mit Technik. Diese Rollen lernen wir von unseren Eltern, Freunden, Lehrern, Filmen etc.

heterosexuell. Heterosexualität ist die Liebe zwischen einem Mann und einer Frau. Wenn eine Frau nur Männer liebt oder ein Mann nur Frauen liebt, dann sind sie heterosexuell. In Medien, Filmen, Schulbüchern usw. ist Heterosexualität oft die einzig mögliche Form von Liebe und Sexualität. Daher denken die meisten Leute: Heterosexualität sei „normal". Andere Formen von Liebe und Leben sehen wir deshalb nicht oder nur sehr wenig in Filmen, Büchern, usw.

die Homofeindlichkeit. Homofeindlichkeit ist die *Diskriminierung* von Menschen, die nicht heterosexuell sind. *Trans**feindlichkeit ist die Diskriminierung von *Trans**Menschen. Das *AGG* verbietet diese Diskriminierung. In der Realität gibt es sie aber und wir müssen dagegen kämpfen.

homosexuell. Homosexualität ist die Liebe zwischen einem Mann und einem Mann oder zwischen einer Frau und einer Frau. Wenn ich als Frau Frauen liebe, dann bin ich lesbisch. Wenn ich als Mann Männer liebe, dann bin ich schwul. Wenn Homosexualität in Ihrem Heimatland verboten ist, dann können Sie in Deutschland Asyl bekommen.

Inter*.[3] Bei der Geburt wird das *Geschlecht* festgelegt. Manche Menschen haben aber weibliche **und** männliche Merkmale. Diese Menschen sind inter*. Das *Recht* in Deutschland sagt: Menschen, die inter* sind, sind nicht männlich und nicht weiblich. Sie haben ein eigenes Geschlecht.

die Kinderbetreuung, -en. Es gibt viele Möglichkeiten der Kinderbetreuung. Zum Beispiel: Eine Kindertagesstätte (Kita) oder eine Tagesbetreuung sind zwei Möglichkeiten. Dort können die Kinder zusammen spielen und lernen. Oft passen auch Freunde oder Familie auf die Kinder auf, zum Beispiel während die Eltern arbeiten. In Deutschland bezahlt der Staat einen Kita-Platz für das Kind.

der Rassismus, die Rassismen. Rassismus ist, wenn ich diskriminiert werde, weil andere Menschen denken: Ich bin so oder so, weil ich so oder so aussehe. Das heißt: Menschen werden als einheitliche Gruppe gesehen, weil sie ein bestimmtes Aussehen (zum Beispiel eine Hautfarbe) oder eine Herkunft haben. Diese Gruppe wird dann schlechter bewertet und behandelt als andere Gruppen. Rassismus gibt es in vielen Formen: körperliche Gewalt (Streit mit Händen und Füßen), aber auch Gewalt in der Sprache (mit Worten, in einem Gespräch). Auch Institutionen können rassistisch sein. Zum Beispiel: Ich bin schwarz und werde von der Polizei kontrolliert, aber mein weißer Kollege nicht.

das Recht, -e. Jeder Mensch hat Rechte. Zum Beispiel: Alle Menschen sind gleich. Niemand darf wegen seiner Hautfarbe, seiner Religion, seines Geschlechts oder seiner Sexualität schlechter oder besser behandelt werden. Das heißt: Ich habe ein Recht auf Gleichbehandlung. In der Realität müssen wir aber dafür kämpfen. Wenn ich ungerecht behandelt werde, kann ich mich wehren. Ich kann zum Beispiel vor *Gericht* gehen oder erst mal zu einer Beratungsstelle.

der Rechtsanwalt, ¨-e/die Rechtsanwältin, -nen. Ein Anwalt oder eine Anwältin hilft mir, wenn ich vor *Gericht* muss oder will. Das heißt, wenn ich einen Konflikt mit einem anderen Menschen oder mit dem Staat habe. Sie oder er kennt die Gesetze, berät mich und verteidigt mich. Jeder Mensch in Deutschland hat das *Recht* auf diese Hilfe.

der Sexismus, die Sexismen. Sexismus heißt: Wenn Männer und Frauen nicht gleich behandelt, also wegen ihres *Geschlechts diskriminiert* werden. Sexismus hat viele Formen: körperliche und sexuelle Gewalt, aber auch Gewalt in der Sprache (mit Worten, in einem Gespräch). Auch Institutionen können sexistisch sein. Zum Beispiel: Mein Kollege ist ein Mann, ich bin eine Frau. Wir machen die gleiche Arbeit, aber ich bekomme weniger Geld. Grund für Sexismus sind auch feste *Geschlechter*rollen: Der Gedanke, dass Frauen und Männer immer unterschiedlich sind. Und dass ein Geschlecht besser ist als das andere.

Trans*. Wenn wir geboren werden, wird uns ein *Geschlecht* zugeschrieben. Das heißt, es wird gesagt: Du bist ein Junge **oder** ein Mädchen. Wenn dieses Geschlecht für mich nicht stimmt, dann bin ich trans*. Ich habe in Wirklichkeit kein Geschlecht oder ein anderes Geschlecht als das, was mir zugeschrieben wurde.

Vielfalt leben | ISBN 978-3-19-381081-6 | © 2018 Hueber Verlag

das Vorurteil, -e. Vorurteil heißt: Ich habe eine feste Meinung (ein **Urteil**) über einen Menschen oder eine Gruppe von Menschen, be**vor** ich den Menschen oder die Gruppe kenne. Vorurteile sind generell negativ.

Literaturverzeichnis

Allgemeines Gleichbehandlungsgesetz vom 14. August 2006 (BGBl. I S. 1897), das zuletzt durch Artikel 8 des Gesetzes vom 3. April 2013 (BGBl. I S. 610) geändert worden ist.

Bundesministerium für Familie, Senioren, Frauen und Jugend (2015): Hintergrundmeldung. Familienleistungen. Die Elternzeit. Verfügbar auf: https://www.bmfsfj.de/bmfsfj/themen/familie/familienleistungen/elternzeit/die-elternzeit/73832. Zuletzt aufgerufen am: 30.11.2017.

Bundesministerium für Familie, Senioren, Frauen und Jugend. (Hrsg.): Kinderbetreuung – Frühe Förderung von Anfang an. In: Familien-Wegweiser.de. Verfügbar auf: http://www.familien-wegweiser.de/wegweiser/Familie-regional/Kinderbetreuung/kinderbetreuung,did=93874.html. Zuletzt aufgerufen am: 30.11.2017.

Bundeministerium des Innern & Bundeministerium für Familie, Senioren, Frauen und Jugend (Hrsg.) (2017): Nationaler Aktionsplan gegen Rassismus. Positionen und Maßnahmen zum Umgang mit Ideologien der Ungleichwertigkeit und den darauf bezogenen Diskriminierungen. Berlin.

Bundesministerium für Familie, Senioren, Frauen und Jugend (2017): Hintergrundmeldung. Frauen und Arbeitswelt. Quote für mehr Frauen in Führungspositionen: Privatwirtschaft. Verfügbar auf: https://www.bmfsfj.de/bmfsfj/themen/gleichstellung/frauen-und-arbeitswelt/quote-fuer-mehr-frauen-in-fuehrungspositionen--privatwirtschaft/78562. Zuletzt aufgerufen am: 30.11.2017.

Bundesministerium für Familie, Senioren, Frauen und Jugend. Referat Öffentlichkeitsarbeit (Hrsg.) (2016): Gleichstellung von Frauen und Männern in der Bundesverwaltung und in den Gerichten des Bundes. Bundesgleichstellungsgesetz, Bundesgremienbesetzungsgesetz. Niestetal.

Bundesverfassungsgericht: Beschluss des Ersten Senats vom 10. Oktober 2017– 1 BVR 2019/16 – Rn. (1–69). Verfügbar auf http://www.bverfg.de/e/rs20171010_1bvr201916.html. Zuletzt aufgerufen am: 20.12.2017.

Bergmann, Werner (2006): Was sind Vorurteile? In: Bundeszentrale für politische Bildung (Hrsg.) Informationen zur politischen Bildung (Heft 271). Verfügbar auf: http://www.bpb.de/izpb/9680/was-sind-vorurteile?p=all. Zuletzt aufgerufen am: 30.11.2017.

Crenshaw, Kimberley (1989): Demarginalizing the Intersection of Race and Sex: A Black Feminist Critique of Antidiscrimination Doctrine, Feminist Theory, and Antiracist Politics. The University of Chicago Legal Forum. S. 139–167.

---

[1] Der originale Gesetzestext spricht hier von „Rasse". Da wir diesen Begriff aber nicht ohne ausführliche Kontextualisierung reproduzieren möchten, ist das Zitat hier nicht im Original zu finden. (Für eine solche Kontextualisierung siehe u.a. Kilomba (2016)

[2] Wir verwenden hier das Gender-Sternchen am Wortende, um zu signalisieren, dass Menschen, die sich außerhalb oder an hier nicht explizit markierter Stelle des zweigeschlechtlichen Spektrums verorten, ausdrücklich mitgedacht sind.

[3] Hier steht wie bei Trans* das Sternchen am Wortende für die mögliche Vielfalt an Selbstbezeichnungen, welche die genannte Gruppe verwendet.

Kerner, Ina (2014): Varianten des Sexismus. In: Bundeszentrale für Politische Bildung (Hrsg.): Aus Politik und Zeitgeschichte (APuZ), 2014 (8). Verfügbar auf: http://www.bpb.de/apuz/178678/varianten-des-sexismus?p=all. Zuletzt aufgerufen am: 30.11.2017.

Butler, Judith (2009): Gender Trouble. Feminism and the Subversion of Identity. New York, London: Routledge.

Dudenredaktion (Hrsg.) (2017): Duden die deutsche Rechtschreibung. Berlin u.a.

Generalversammlung der Vereinten Nationen (1966): Internationales Übereinkommen zur Beseitigung jeder Form von Rassendiskriminierung vom 7. März 1966. In: Bundesgesetzblatt (BGBL) 1969 II S. 961. Verfügbar auf: http://www.institut-fuer-menschenrechte.de/menschenrechtsinstrumente/vereinte-nationen/menschenrechtsabkommen/anti-rassismus-konvention-icerd/.
Zuletzt aufgerufen am: 30.11.2017.

Generalversammlung der Vereinten Nationen (1979): Übereinkommen zur Beseitigung jeder Form von Diskriminierung der Frau. In: Bundesgesetzblatt (BGBl) 1985 II, S. 647. Verfügbar auf: http://www.institut-fuer-menschenrechte.de/menschenrechtsinstrumente/vereinte-nationen/menschenrechtsabkommen/frauenrechtskonvention-cedaw/.
Zuletzt aufgerufen am: 30.11.2017.

Initiative intersektionale Pädagogik: Glossar. Berlin. Verfügbar auf: http://www.i-paed-berlin.de/de/Glossar/. Zuletzt aufgerufen am: 30.11.2017.

Kilomba, Grada (2016): Plantation Memories. Episodes of Everyday Racism – Kurzgeschichten in englischer Sprache. Münster: Unrast.

Neue deutsche Medienmacher (Hrsg.) (2015): Glossar der neuen deutschen Medienmacher. Formulierungshilfen für die Berichterstattung im Einwanderungsland. Berlin. Verfügbar unter: http://www.neue-medienmacher.de/wissen/wording-glossar/. Zuletzt aufgerufen am: 02.12.2017.

Mecheril, Paul/Thomas-Olalde, Oscar (2011): Erwachsenen- und Weiterbildung in der Migrationsgesellschaft. Bodenproben zur Praxisreflexion. In: Niedermair, Gerhard (Hrsg.): Aktuelle Trends in der beruflichen Aus- und Weiterbildung. Impulse, Perspektiven und Reflexionen. Linz: Trauner Verlag, S. 67–82.

Peuschel, Kristina (i.E.) „Aspekte von Gender in der Sprach(aus)Bildung Deutsch (als zweite, dritte und Folgesprache)". In: Dirim, İnci & Wegner, Anke (Hrsg.) Normative Grundlagen und reflexive Verortungen im Feld DaF und DaZ. Leverkusen: Verlag Barbara Budrich.

Sow, Noah (2009): Deutschland Schwarz Weiß. München: Bertelsmann.

Willkommenszentrum Berlin des Berliner Senats (Hrsg.): Glossar. Verfügbar auf: https://www.berlin.de/willkommenszentrum/glossar/. Zuletzt aufgerufen am: 30.11.2017.

Vielfalt leben | ISBN 978-3-19-381081-6 | © 2018 Hueber Verlag